（宋）蘇軾 撰

明成化本東坡七集

第一五册

國家圖書館出版社

第一五册目録

東坡内制集十卷（卷第一—四）

卷第三……一一五

重刊明成化本東坡七集

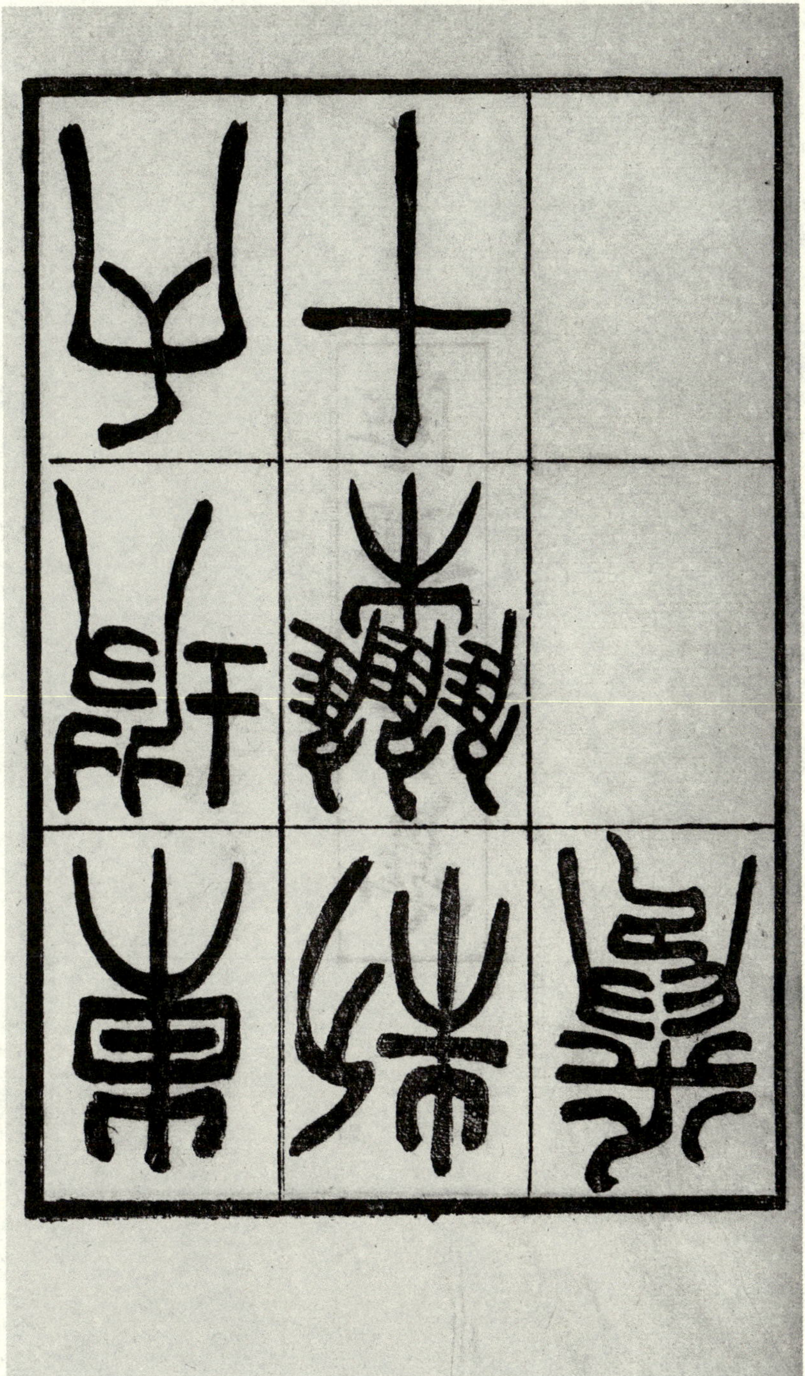

寶華盦刻

東坡内制集目録

第一卷

冬至資薦　神宗皇帝齋文

趙州賜大遼使副茶藥詔四首口宣二首附

賜河西軍節度使阿里骨加恩制告詔

賜交趾郡王李乾順加恩制告敕書

太皇太后祭奠故夏國主祭文

賜故夏國主嗣子乾順詔二首

内中添盖神御殿告遷　御容祝文

集禧觀開啓祈雪道場青詞

内中告遷　神御於新添脩殿奉安祝文

故贈太師温國公司馬光安葬祭文

賜劉昌祚進奉賀明堂禮畢馬敕書

賜知潁昌府韓縝辭免恩命不允詔

班荆館賜大遼人使到闕并回程酒果口宣三首

正旦賫薦　神宗皇帝齋文

賜河東諸軍来年春季銀鞋兼傳宣撫問口宣

賜大遼人使回程御筵并銀鈔鑼噕盂等口宣二首

賜判大名府韓絳詔書湯藥口宣

賜韓絳乞致仕不允斷来章詔四首

賜安燾乞退不允詔

賜范鎮赴闕詔

賜外任臣寮曆日詔敕書

賜中書侍郎呂大防辭恩命不允詔

賜刑部尚書蘇頌辭恩命不允詔

賜御史中丞傅堯俞辭免恩命不允詔

賜故夏國主嗣子乾順進奉賀正馬駞回詔二首

皇帝達　太皇太后賀大遼正旦書

皇帝賀大遼正旦書

奏告天地社稷宗廟宮觀寺院祈雨雪青詞齋祝文

五嶽四瀆等處祈雪祝文

賜宰臣呂公著生日禮物口宣

相州賜大遼使副御筵并沿路傳宣撫問口宣三首

賜尚書右丞劉摯辭免恩命不允斷來章批答二首

賜大遼人使御筵口宣三首相州 荆館 班

皇帝達　太皇太后廻大遼賀正旦書

皇帝廻大遼賀正旦書

賜判大名府韓絳詔書湯藥口宣

賜吕大防劉摯辭免恩命不允斷來章批答口宣二首

班荆館賜大遼人使赴闕口宣

第二卷

奏告　永裕陵并酌獻表本八首

賜知河南府孫固乞致仕不允詔四首

撫問熙河蘭會路臣寮口宣

在京諸宫觀開啓　神宗皇帝大祥道場齋文

撫問知揚州王安禮口宣

賜尚書左丞李清臣生日詔

景靈宫奉安　神宗皇帝御容祝文

垂拱殿開啓　神宗皇帝大祥道場齋文

賜皇叔祖安康郡王宗隱生日禮物口宣

天章閣權奉安　神宗皇帝御容祝文

賜皇叔祖華原郡王宗愈生日禮物口宣

内中福寧殿寒節爲　神宗皇帝作水陸道場齋文
賜皇叔祖漢東郡王宗瑗生日禮物口宣
内中神御殿奉安　神宗皇帝御容并别祭祝文二首
寒節就驛賜于闐國進奉人御筵口宣
賜知定州韓忠彦乞改一偏州不允詔
賜兵部尚書王存乞知陳州不允詔
奉安　神宗皇帝御容赴景靈宫導引歌詞
景靈宫奉安　神宗皇帝御容祝文青詞朱表齋文四首
賜御史中丞傅堯俞乞外郡不允詔
五嶽四瀆等處祈雨祝文

賜集禧觀使韓絳茶藥詔

賜保寧軍節度使馮京告敕茶藥詔

賜韓絳赴闕詔二首

賜馮京韓絳告敕詔書茶藥口宣二首

相國寺集禧觀開啓祈雨道場齋文青詞二首

賜故夏國主嗣子乾順進奉謝恩馬駞回詔

諸宮觀寺院等處祈雨青詞齋文

天地社稷宗廟神廟等處祈雨祝文

賜太師文彥博乞致仕不許不允批荅二首

賜宰相呂公著乞退不許不允批荅二首口宣二首附

白溝驛賜大遼人使御筵兼傳宣撫問口宣

第三卷

賜尚書左丞李清臣乞退不允不許批荅二首

賜文彦博以下請御正殿復常膳不允不許批荅二首

集禧觀洪福殿等處罷散謝雨道塲青詞齋文附朱表

賜李清臣乞退不允批荅口宣

賜溪洞蠻人彭允宗等進奉端午布敕書

賜韓縡到闕生餼口宣

神宗皇帝禫祭祝文三首

賜文彦博以下請御正殿復常膳允許批荅二首

景靈宫開淘井眼祭告里域真官祝文

賜尚書左丞劉摯辭免恩命不允詔

賜尚書右丞王存辭免恩命不允詔

賜皇伯祖高密郡王宗晟生日禮物口宣

班荆館賜大遼人使到闕御筵口宣

賜吏部侍郎傅堯俞辭免恩命乞知陳州不允詔

賜濟陽郡王曹佾生日禮物口宣

賜王存辭免恩命不允不許斷来章批荅二首

賜文彦博以下請舉樂不許不允批荅四首

賜文彦博等請太皇太后受册不許批荅

賜韓絳乞致仕不允詔二首
賜同知樞密院事范純仁生日詔
賜文彥博以下請舉樂不許不允批荅二首
賜文彥博等請　太皇太后受册許批荅
賜大遼使副銀鈔鑼錦被褥等口宣
賜吏部侍郎范百禄辭免恩命不允詔
賜皇叔揚王顥生日禮物口宣
相州賜大遼人使却回御筵口宣
賜外任臣寮進奉坤成節銀敕書
雄州撫問大遼使副口宣

賜知樞密院安燾辭免恩命不允詔

賜皇弟佖生日禮物口宣

賜安燾辭免恩命不允斷來章批荅二首 附口宣

賜權陝漕孫路知蘭州王文郁銀絹奬諭敕書二首

賜守司空致仕韓絳辭免恩命不允批荅二首

瀛州賜大遼人使回程御筵口宣

賜安燾以下罷散坤成節御筵口宣

玉津園賜大遼人使射弓例物幷生餼酒果口宣三首

賜文彦博安燾以下罷散坤成節道場香酒果口宣二首

坤成節賜于闐國進奉人御筵口宣

賜燕達以下罷散坤成節道場香酒果口宣
賜皇伯祖宗暉等罷散坤成節道場香酒果口宣三首
賜南平王李乾德制誥敕書
班荆館賜大遼人使回程酒果口宣
皇帝達　太皇太后迴大遼賀坤成節書
皇帝迴大遼問候書
三宮受册奏告太廟幷諸陵祝文
三宮受册奏告景靈宮等處青詞
賜前兩府幷待制以上知州初冬衣襖詔
賜諸路知州職司幷蕃官等初冬衣襖敕書二首

賜諸路屯駐駐泊諸員寮等初冬衣襖都敕

西京會聖宫告遷諸神御并奉安祝文二首

賜西南羅蕃進奉敕書

第四卷

賜熙河秦鳳帥臣監司茶銀合兼傳宣撫問口宣二首

賜知永興軍韓縝茶銀合兼傳宣撫問口宣

賜皇弟祁國公偲生日禮物口宣

賜户部尚書李常乞除沿邊一州不允詔

賜文彦博吕公著入朝免拜詔

賜吕公著乞罷相位除外任不允批荅口宣三首

賜兼侍讀蘇頌辭免恩命不允詔

迎奉　神宗皇帝御容赴會聖宫奉安導引歌詞

劄子論文彦博吕公著詞免不拜恩命事

賜太師文彦博辭免不拜恩命許允批荅二首

賜吕公著乞罷相位不允斷來章批荅口宣三首

賜韓絳乞受册禮畢隨班稱賀免赴詔

賜吕公著乞罷免相位不允詔

賜皇弟咸寧郡王俁生日禮物口宣

賜文彦博辭免入朝拜禮允批荅口宣

生獲鬼章文武百寮稱賀宣荅詞二首

批答宰臣以下賀生獲鬼章表二首
賜皇叔荆王頵生日禮物口宣
賜吕公著辭免不拜恩命允許批答二首
賜种誼以下銀合茶藥及撫問犒設將校口宣
賜建安郡王宗綽生日禮物口宣
撫問劉舜卿兼賜孫路游師雄銀合茶藥口宣三首
西京會聖宫奉安　神宗皇帝御容奏告　諸帝祝文
西京會聖宫奉安　神宗皇帝神御祝文
生擒西蕃鬼章奏告　永裕陵祝文
賜文彦博乞致仕不允不許斷來章批答口宣并詔八首

奉安神宗御容禮畢押賜禮儀使以下御筵口宣

永裕陵十月旦表

賜嗣濮王宗暉生日禮物口宣

鄭州西京犨縣

沿路撫問奉安神宗皇帝御容禮儀使以下口宣三首

奉安神宗皇帝御容前一日奏告永裕陵祝文

白溝驛傳宣撫問大遼人使及賜御筵口宣

會聖宮奉安神宗皇帝御容禮畢開啓道場齋文

撫問秦鳳等路臣寮口宣

十月一日永裕陵開啓資薦神宗皇帝道場齋文

賜工部侍郎蔡延慶乞知應天府不允詔
賜外任臣寮等進奉坤成節功德疏詔敕書
賜通判梓州趙君輿進奉坤成節無量壽佛敕書
趙州賜大遼使副茶藥詔二首
神宗皇帝御容至會聖宫前一日奏告諸帝祝文
十月朔　永裕陵酌獻表本
賜熙河路副總管姚兕等銀合茶藥口宣
賜尚書左丞劉摯生日詔

第五卷

神宗御容進發前一日奏告諸宫觀等處青詞

神宗御容進發前一日奏告天地社稷宗廟等處祝文

賜涇原路經略使幷漢蕃使臣以下銀合茶藥等口宣

賜太師文彥博生日詔

賜大遼人使白溝驛御筵幷撫問口宣

賜知成都府王安禮乞知陳潁等一郡不允詔

皇帝達 太皇太后賀大遼生辰書

皇帝賀大遼生辰書

賜奉安 神宗御容禮儀使呂大防銀合茶藥詔

賜奉安 神宗御容押班馮宗道等銀合茶藥敕書口宣附

三宮受冊禮畢奏謝天地等青詞齋祝文祭諸神廟祝文附

内中御侍以下賀冬至詞語三首

賜知成都府王安禮銀合茶藥無傳宣撫問口宣

賜皇弟遂寧郡王佶生日禮物口宣

賜大遼使副茶藥并撫問口宣三首 趙州 雄州

元祐三年春貼子詞二十七首

皇帝回大遼賀興龍節書

皇帝達 太皇太后回大遼問候書

賜宰相呂公著生日詔 附口宣

冬季撫問諸路沿邊臣寮口宣

賜于闐國進奉人進發前一日御筵口宣

賜外任臣寮曆日敕詔書
班荆館賜大遼人使御筵酒果口宣三首
賜五臺山十寺僧正省奇等獎諭敕書
相州賜大遼人使御筵口宣
賜諸路臣寮春季銀鞋兼撫問口宣
撫問知大名府馮京口宣
賜大遼使副鈔鑼等并御筵口宣二首
賜外任臣寮進奉興龍節馬敕書
賜安壽苗授罷散興龍節道場香酒果口宣二首
賜太師文彦博以下罷散興龍節酒果口宣

賜大遼人使內中酒果并御筵口宣四首

賜寶文閣直學士李之純辭恩命不允詔

賜大遼人使朝辭歸驛酒果口宣

賜皇伯祖宗暉以下罷散興龍節道場香酒果口宣

賜大遼人使射弓例物口宣

賜皇弟普寧郡王似生日禮物口宣

第六卷

賜大遼人使班荆館却回酒果口宣

永定院脩蓋舍屋奏告　諸帝后祝文土地祝文附

賜于闐國黑汗王進奉賀登位并示諭敕書二首

賜諸路臣寮中冬衣襖口宣

賜外任臣寮進奉賀　三宮受册馬詔敕二首

賜知大名府馮京進奉賀端午節馬詔

賜知鄧州韓維并郭逵等進奉謝恩馬詔二首

賜溪洞彭儒武等進奉興龍節溪布敕書

送伴回程與大遼賀正旦人使相逢撫問口宣

趙州賜大遼使副茶藥詔四首口宣二首附

相州賜大遼使副御筵口宣二首

賜皇伯祖宗晟等罷散興龍節道場香酒果口宣四首

內中御侍以下賀年節詞語三首

賜大遼人使御筵酒果宴花銀鈔鑼生餼等口宣六首

賜太師文彥博乞致仕不許不允詔二首

送伴沿路與北朝生辰等使副相逢傳宣撫問口宣

賜大遼使副酒果御筵春幡勝射弓例物口宣八首

皇帝回大遼賀正旦書

皇帝達　太皇太后回大遼賀正旦書

永安陵等忌辰奏告　諸帝后表本二首

皇太后殿内人為　神宗皇帝忌辰朝永裕陵表本

西京奉安　神宗皇帝御容禮畢西京德音

賜尚書右丞王存生日詔

瀛州賜大遼人使回程御筵口宣

賜户部侍郎趙瞻陳乞便郡不允詔

賜潞州總管王寶進奉戀闕并到任馬敕書

賜知大名府馮京進奉興龍節并冬至正旦馬詔

賜外任臣寮進奉謝恩馬詔敕

賜外任臣寮進奉興龍節功德疏詔敕

賜宰相呂公著乞致仕不允不許斷來章批荅口宣六首

除呂公著守司空同平章軍國事制

除呂大防守尚書左僕射制

除范純仁守尚書右僕射制

第七卷

賜吕公著吕大防范純仁辭免恩命不允詔三首

賜知乾寧軍内殿承制張赴奨諭敕書

宣詔許内翰入院口宣

賜知永興軍韓縝乞致仕不允斷来章詔二首

賜范純仁再上劄子辭免恩命不允詔

賜中書侍郎劉摯辭免恩命不允詔

賜尚書左丞王存辭免恩命不允詔

賜尚書右丞胡宗愈辭免恩命不允詔

賜簽書樞密院事趙瞻辭免恩命不允詔

賜門下侍郎孫固辭免恩命不允詔
劄子論安燾詞免遷官恩命事
賜安燾胡宗愈趙瞻辭免恩命不允詔三首
賜安燾辭免遷官恩命允詔
賜胡宗愈辭免恩命不允詔
賜呂公著呂大防范純仁辭免恩命不允斷來章批
答口宣二十一首
賜孫固劉摯王存胡宗愈趙瞻辭免恩命不允斷來章
批答口宣二十五首
閤門賜新除守司空同平章軍國事呂公著告口宣

閤門賜新除宰相呂大防范純仁告口宣

賜呂公著辭免册禮許允詔二首

賜御史中丞孫覺辭免恩命不允詔

賜翰林學士知制誥許將赴闕詔

賜許將辭免恩命不允詔

賜河北西路諸軍秋季銀鞋兼傳宣撫問臣寮將校口宣

白溝驛賜大遼人使御筵兼傳宣撫問口宣

第八卷

元祐三年端午貼子詞二十七首

賜大遼人使生餼口宣

賜龍圖閣待制傅堯俞辭免恩命不允詔
故皇叔祖漢東郡王宗瑗祭文二首
賜尚書右丞胡宗愈乞除閑慢差遣不允詔
賜知樞密院事安燾乞退不允不許批荅口宣三首
後苑瑶津亭開啓祈雨謝雨道場齋文二首
永裕陵月旦表本五首
賜尚書右僕射范純仁生日詔
賜北京脩河官吏等銀合茶藥兼傳宣撫問口宣
賜問知大名府馮京兼賜銀合茶藥口宣
賜西蕃邈川首領阿里骨進奉回詔

賜尚書左僕射呂大防生日禮物口宣

賜皇弟大寧郡王佖生日禮物口宣

賜門下侍郎孫固生日詔

賜知樞密院事安燾生日詔

賜五臺山十寺僧正省奇以下獎諭敕書

玉津園賜大遼人使射弓例物口宣

賜殿前司罷散坤成節道場香酒果口宣

賜宗室罷散坤成節道場香酒果口宣

賜大遼人使宴花酒果御筵口宣五首

太皇太后賜門下手詔

賜馬步軍司罷散坤成節道場香酒果口宣
賜安壽以下罷散坤成節道場香酒果口宣
賜嗣濮王揚王罷散坤成節道場香酒果口宣二首
除苗授殿前副都指揮使制
賜文彦愽以下罷散坤成節道場香酒果口宣
賜大遼人使御筵口宣二首 相州 瀛州
賜曹佾罷散坤成節道場香酒果口宣
班荆館賜大遼人使回程酒果口宣
西嶽廟開啓祈雨道場青詞
奉宸庫翻脩聖字等庫了畢安慰土地道場齋文

賜苗授辭免恩命不允　斷来章批荅口宣三首
賜于闐國黒汗王進奉敕書三首
賜皇𠈁徐王辭免恩命不允斷来章批荅口宣
示諭武泰軍官吏軍人僧道百姓等敕書
中太一宫真室殿開啓天皇九曜道場青詞

第九卷

中太一宫真室殿罷散道場朱表
顯聖寺開啓　太皇太后消災集福糁壇道場齋文
後苑瑶津亭開啓祈雨道場齋文
閤門賜新除徐王告口宣

皇妹故魏王祭文三首

賜徐王顥辭免册禮允許詔二首

賜太師文彥博乞致仕不允批荅口宣三首

賜知太原府曾布乞除一閑慢州郡不允詔

故尚宮吴氏墳所祭文

西路闕雨濟河淮瀆廟祈雨祝文

撫問秦鳳路臣寮口宣

除皇伯祖宗晟特起復制

賜皇伯祖宗晟辭免恩命不允斷来章批荅口宣二首

相州賜大遼使副御筵口宣

賜知渭州劉昌祚進奉興龍節銀詔

相州賜大遼人使回程御筵口宣

撫問知大名府馮京口宣

冬季傳宣撫問河北東路沿邊臣寮口宣

賜知渭州劉昌祚進奉謝恩及賀端午節馬詔

内中御侍以下賀冬至詞語三首

賜安壽李瑋苗授姚麟罷散興龍節道場香酒果口宣四首

賜宗晟辭免起復恩命不允詔二首

賜知鄧州蔡確乞量移弟碩允詔

興龍節尚書省賜宰相以下酒果口宣

賜大遼使副鈔鑼酒果御筵茶藥口宣九首玉津園 趙州 相州 班荆館

賜宗晟辭免起復恩命不允詔二首

賜文彥博安燾以下罷散興龍節道場香酒果口宣二首

賜徐王等罷散興龍節道場香酒果口宣四首

賜大遼人使酒果生餼御筵口宣五首

故渭州防禦使宗孺祭文二首

賜皇弟普寧郡王似生日禮物口宣

雄州撫問大遼賀正旦人使口宣

賜西蕃邈川首領阿里骨進奉回程詔

皇帝回大遼賀興龍節書

皇帝達　太皇太后回大遼問候書

劄子　論宗晟詞免起復恩命事

賜宗晟辭免起復恩命不允詔二首

第十卷

賜吏部侍郎傅堯俞乞外郡不允詔

太皇太后賜門下手詔

賜宗晟辭免起復恩命許終喪制詔

賜端明殿學士范鎮奬諭詔

賜知大名府馮京進奉賀興龍節并冬節馬詔

賜知相州李珣進奉賀冬馬詔

賜知熙州劉舜卿進奉賀冬馬敕書

賜大遼人使御筵酒果口宣三首

賜于闐國進奉人御筵口宣

賜外任臣寮進奉興龍節馬詔敕書

賜大遼人使回程御筵并銀鈔鑼等口宣三首

皇太妃慶宫閣開啓道場青詞

賜大遼人使射弓例物御筵酒果口宣四首 王津園 瀛州 班荆館

賜尚書左丞王存生日詔

賜權知開封府吕公孺乞致仕不允詔二首

撫問鄜延路臣寮口宣

賜吏部尚書蘇頌乞致仕不允詔二首

賜濟陽郡王曹佾寬假將理詔

賜西南蕃莫世忍等進奉敕書

景靈宫開啓　神宗皇帝忌辰道場齋文

賜吏部尚書蘇頌乞致仕不允詔二首

東太一宫翻修殿宇奏告十神太一真君祝文

故尚服劉氏祭文二首

撫問鄜延路臣寮口宣

賜禮部尚書梁燾辭免恩命不允詔

賜馮京乞依職任官例衹赴六參不允詔

賜左僕射呂大防生日詔口宣附
賜皇叔徐王顥生日禮物口宣
賜大遼人使銀鑼等口宣
賜翰林學士趙彥若辭免國史脩撰不允詔
賜皇弟大寧郡王佖生日禮物口宣
賜五臺山十寺僧正省奇等奬諭敕書
賜太師文彥博温谿心馬詔
班荆館賜大遼國信使副到闕酒果口宣
賜姚麟以下罷散坤成節道場香酒果口宣
賜大遼使副生餼御筵弁射弓例物口宣三首

賜駙馬都尉等罷散坤成節道場香酒果口宣四首

賜大遼人使御筵時花酒果口宣二首

坤成節尚書省賜宰臣以下御筵酒果口宣

皇帝達　太皇太后廻大遼賀坤成節書

皇帝廻大遼問候書

坤成節賜韓忠彦以下御筵酒果口宣

賜徐王罷散坤成節道場香酒果口宣

賜大遼人使朝辭回程御筵口宣二首

賜宰相呂大防以下罷散坤成節道場香酒果口宣

賜大遼使副酒果口宣三首

東坡内制集目録

樂語附

紫宸殿正旦教坊詞

興龍節集英殿宴教坊詞

東坡内制集卷第一

賜正議大夫同知樞密院事安燾乞外郡不許批荅元祐元年十月八日

覽表具之卿以應務之才居本兵之地綏靜中外人無間言何疑上章欲求去位未喻厥意聞之憮然夫榮親莫大於功名養志不專於甘旨而況觀闕之下父母之邦退食問安孰便於此勉循其舊以卒輔予

賜安燾乞外郡不允批荅元祐元年十月八日

省表具之夫事親者不擇地而安之孝之至也而況艱難之際一日萬幾冰淵之懼當務同濟卿練達兵

要灼知邊情寄託之深義難引去亟求自便朕何賴焉

賜正議大夫同知樞密院事安燾乞退不允批答口宣元祐元年十月十日

有敕卿被遇先帝勤勞有年逮于眇躬倚注彌重宜安厥位毋重力詞

雄州白溝驛賜大遼賀正旦人使御筵口宣元祐元年十一月

有敕卿等遠馳使節來慶春朝屬歲律之凝嚴涉道塗之脩阻宜須宴衎以勞勤劬

趙州賜大遼賀興龍節人使茶藥口宣 元祐元年十月六日

有敕卿等遠訪使軺来陳慶幣八塗甚阻風霧可虞特示至恩徃須名劑

賜正議大夫同知樞密院事安燾乞外郡不允斷来章批荅口宣 元祐元年十一月十六日

有敕卿職在樞要表儀百官進當以禮退當以義今兹求退其義安在亟還視事毋復固詞

雄州撫問大遼國賀興龍節使副口宣 元祐元年十月六日

有敇卿等遠犯風埃久勤軺傳入疆茲始授館少安
申命撫存式昭眷奬
賜金紫光禄大夫守尚書右僕射兼中書侍
郎呂公著生日詔元祐元年十月二十七日
敇公著卿將相三世輔翼　兩朝方斯千獻夢之辰
有既醉太平之福宜膺慶賚永錫壽康今賜卿生日
羊酒米麵等具如別録至可領也
賜皇姊祖建雄軍節度觀察留後同知大宗
正事宗景上表辭恩命不允詔元祐元年十月九日
敇宗景省所上表辭免恩命事具悉朕初執珪幣祗

見上帝嘉與百辟徽福文考大賚四海始于親賢旹
神之休義不當避國有常典爾無固詞
賜皇姪祖宗景上表辭恩命不許詔元祐元年十月九日
敕宗景覽所上表辭免恩命事具悉國家有大祭祀
必均慶賞邦甸侯衛燀炮翟闈無有遠邇畢蒙惠澤
矧我懿親實維顯相祗率舊典毋須固詞
賜鎮江軍節度使檢校太傅開府儀同三司
上柱國康國公判大名府韓絳上表乞致仕
不許詔元祐元年十月二十日

敕韓絳覽所上表陳乞致仕事具悉卿四世元老國之長城端笏垂紳不動聲氣風采所及自然折衝軒冕丘園其實何異矧今艱難之際自有氷淵之虞黃髮在廷未敢言病豈宜獨善遽欲即安尚兮北顧之憂勿起退歸之念强食自輔體我至懷

賜韓絳上表乞致仕不允詔元祐元年十月二十日

敕韓絳省所上表陳乞致仕事具悉功成身退人臣之常壽考康强有不得謝卿出入將相垂三十年豈以小物尚勤元老徒得君重卧護一方使吏民瞻師尹之儀刑蠻夷識漢相之風采丘園之請朕未欲聞

其省思慮時寢食親近藥餌以副中外之望

趙州賜大遼賀興龍節大使茶藥詔

敕卿肅將慶幣遠涉川途風埃浩然徒馭勤止宜加

寵錫以示眷懷

趙州賜大遼賀興龍節副使茶藥詔元祐元年十月六日

敕卿將命夙興犯寒遠涉駕言未息軫念殊深特致

恩頒以嘉勤瘁

冬至福寧殿作水陸道場資薦　神宗皇帝

齋文

伏以聖神陟降釋梵後先適更来復之辰茂薦徃生

之福虔脩淨供仰導真游

趙州賜大遼賀正旦副使茶藥詔元祐元年十月十九

日

勑卿抗旌出境夙駕在塗眷言跋涉之勞宜適興居

之節式須良劑以輔至和

趙州賜大使茶藥詔元祐元年十月十九日

勑卿遠餙使軺講脩隣好蒙犯風霧跋履山川宜須

錫於珍芳庶輔安於寢食

趙州賜大遼國賀　太皇太后正旦大使茶

藥詔元祐元年十月十九日

敕卿恭講隣歡遠勤軺馭言念驅馳之久遣丁寒沍之辰宜錫珍良式昭眷寵

趙州賜副使茶藥詔元祐元年十月十九日

敕卿遠持使節来慶春朝方此沍寒良勤啓處宜示眷懐之異式頒劑和之良

趙州賜大遼國賀　太皇太后正旦使副茶藥口宣元祐元年十月二十八日

有敕卿等奉將邦幣馳會歲元眷言夙駕之勤方次中塗之館宜頒靈劑以諭至懐

趙州賜大遼國賀　皇帝正旦使副茶藥口

宣元祐元年十月二十八日

有敕卿等逖脩隣好方次州封言念沍寒想勤跋履

特頒名劑以示眷懷

賜新除檢校太保依前河西軍節度使阿里

骨加恩制告詔元祐元年十月十五日

敕阿里骨朕涓選靈辰奉承宗祀肆均介福徧暨多

方卿世撫侯封夙虔朝命特加寵渥用奬忠嘉

賜新除依前交趾郡王李乾德加恩制告敕

書元祐元年十月十五日

勑乾德朕躬執珪幣大饗　帝親肸布湛恩徧曁諸
夏卿世綏侯服欽順朝廷宜錫徽章以昭異數
太皇太后祭奠故夏國主祭文元祐元年十一月十六日
乃眷外臣嗣守西服襲累世之忠順荷　先朝之寵
光惟天難忱錫命不永訃音遽至閔悼良深特遣使
車往陳奠幣庶此恩禮貫于幽明
太皇太后賜故夏國主嗣子乾順詔元祐元年十一月十六日
念爾守邦藐然在疚日月逾邁祖葬有時緬懷孝愛
之深想極攀號之戚往助襄事式昭異恩

太皇太后賜故夏國主嗣子乾順詔（元祐元年十一月十六日）

惟我列聖眷爾有邦非徒極其寵榮蓋亦同其憂患念爾哀疚惻然顧懷臨遣行人往諭至意且致奠賻之禮以爲存沒之光

內中添蓋諸帝后神御殿告遷御容權奉安於慈氏殿祝文

於皇神考肇啓閟祠方增築之未寧懼格思之有瀆別嚴淨宇祗奉睟容式燕聖靈永綏慈嘏

集禧觀開啓祈雪道場青詞

伏以麥將覆塊雪未掩塵嗣歲之憂下民安訴具嚴法會祇欵閟宫仰冀同雲溥滋新臘

内中慈氏殿告還　神御於新添脩殿奉安

祝文

伏以增築告成閟嚴有奂儼衣冠之来復愾歎息之疑聞昭格穆清永綏燕翼

故贈太師追封温國公司馬光安葬祭文

嗚呼元豐之末天步惟艱社稷之衛中外所屬惟是一老屏予一人名高當世行滿天下措國於太山之安下令於流水之源歲月未周綱紀略定天若相之

又復奪之殄瘁不衰古今所共知之者神考用之者
聖母馴致其道太平可期長為宗臣以表後世徃奠
其葬庶知予懐
賜侍衛親軍馬軍都虞候劉昌祚進奉賀明
堂禮畢馬敕書（元祐元年十一月二十日）
敕劉昌祚大事告成多方同慶汝以分符之重特脩
效馬之儀載念勤誠不忘嘉歎
賜觀文殿大學士知潁昌府韓縝上表辭免
恩命不允詔（元祐元年十一月二十五日）
敕韓縝朕躬祀總章始行嚴配推廣　帝親之澤覃

及中外之臣惟我老成逮受顧命均此介福非朕敢
私國之故常毋煩謙避
班荆館賜大遼賀興龍節人使到闕酒果口
宣元祐元年十二月初一日
有敕卿等肅將信幣來慶誕辰眷言行李之勞宜有
燕休之賜受兹芳旨體我眷懷
就驛賜大遼賀興龍節人使迴程酒菓口宣
元祐元年十二月二十四日
有敕卿等抗旌旋復弭節少留風埃浩然徒馭勤止
宜有珍芳之賜以昭眷寵之殊

班荆館賜大遼賀正旦人使迴程酒果口宣

元祐元年十二月二十八日

有敕卿等遠會春朝恪修隣好既卒聘事豈無燕私宜就錫於加籩蓋式昭於異數

正旦於福寧殿作水陸道場資薦神宗皇帝齋文

伏以弃黄屋以上賔莫追風馭抱烏號而永慕再歷春朝敢伏勝縁式開淨供仰頌羲堯之德永追梵釋之游

賜河東路諸軍来年春季銀鞋兼傳宣撫問

臣寮將校口宣 元祐元年十二月七日

有敕汝卿等從事邊陲服勤師律方踐更於春令諒率履於大和特有匪頒以昭眷遇

雄州賜大遼賀正旦人使廻程御筵口宣 元祐元年十二月六日

有敕卿等出疆繼好已事言還跋履氷霜憩休館舍宜有燕私之寵以旌來往之勤

就驛賜大遼賀正旦人使銀鈔鑼唾盂盂子錦被褥等口宣 元祐元年十二月十六日

有敕卿等遠持信幣來慶春朝眷言行李之勞方茲

舍館之安宜加須賚用示寵嘉

賜鎮江軍節度使判大名府韓絳詔書湯藥

口宣一元祐元年十月九日

有敕卿德望之隆中外所屬誠請雖極輿論未安毋

復懷歸以勤北顧特須良劑以輔至和

賜鎮江軍節度使判大名府韓絳上第二表

乞致仕不許詔元祐元年十一月二十九日

敕韓絳爲國無強於得人用人莫先於求舊雖已挂

冠而謝事尚俾安車而造朝豈有體力未衰藩宣所

寄亟圖自便遂欲言歸矧卿德望並隆神人所相焉

有滿盈之懼夫何倚伏之虞尚體至懷少安厥位

賜韓絳上第二表乞致仕不允詔元祐元年十一月四日

敕韓絳朕以眇躬求助諸老皆以艱難之際不詞中外之勞胡為累章確守歸意豈朕不善西伯之養而無人子思之側乎三復喟然未喻厥指朕意不易卿其少安

賜韓絳上第三表乞致仕不許斷來章詔元祐元年十一月十四日

敕韓絳君臣之義憂樂同之苟皆懷歸誰任其事卿

之高識雅度輕軒冕而樂丘園天下所知也獨不念

先帝託付之重乎勉徇大義勿復以言

賜韓絳上第三表乞致仕不允斷来章詔

敕韓絳功成身退人臣之常禮至於非常之遇則必

有無窮之報朕待卿於形器之表而卿自處於繩墨

之内未爲得也朕意不易卿無復辭

賜正議大夫同知樞密院事安燾乞退不允

詔 元祐元年七月十三日

敕安燾卿才當其位義不詞勞内之樞機之謀外之

疆場之議既當身任其責難以家事爲詞而況並奉

君親兩全忠孝進無不得退以何名卿之所求固非
矯激朕之不許亦豈空文亟還厥官無煩朕命

賜新除落致仕依前光禄大夫范鎮赴闕詔 元祐元年十月二十日

敕范鎮夫有德君子以精神折衝譬之麟鳳能服猛
鷙朕虛懷前席以致諸老非敢必以事諉也茍得黃
髮之叟皤然在位則朝廷尊嚴姦宄消伏卿雖篤老
乃心王室毋憚數舍之勞以副中外之望

賜外任臣寮曆日詔敕書 元祐元年十一月二十八日

敕韓絳朕申命日官逆推嗣歲眷予共理須此成書

勉劭農功毋違時令

賜新除依前中大夫守中書侍郎吕大防辭

恩命不允詔 元祐元年十一月四日

敕大防卿敦大直方任重道遠擢貳西省蔽自朕心雖與聞政事爲日未久而歷試中外勤勞百爲蓋有年矣德位惟允人無間言亟服新命毋煩朕訓

賜新除依前光禄大夫刑部尚書蘇頌辭恩

命不允詔 元祐元年十月十七日

敕蘇頌卿篤於仁心深於經術用心司寇期於無刑朕惟孝處之深三年不奪其志又惟才難之故千里

以待其来卿而不能誰當能者亟服乃事毋煩力詞

賜新除御史中丞傅堯俞辭免恩命不允詔

元祐元年十一月六日

敕堯俞詩云剛亦不吐柔亦不茹朕以卿有樊仲之風是以擢卿為中執法才難之歎古今共之豈以小嫌而廢大任與其拘文以自疑不若直己而行義亟服乃事無煩固辭

皇帝賜故夏國主嗣子乾順進奉賀正馬駞回詔 元祐元年十二月二十四日

詔故夏國主嗣子乾順遠奉王正来歸時事惟此充

庭之實率皆任土之宜乃眷忠勤良深嘉歎

太皇太后賜故夏國主嗣子乾順進奉賀正

馬馳回詔元祐元年十二月二十四日

詔故夏國主嗣子乾順述職春朝歸誠宰旅修此效

牵之視致其乘服之良再閱来章式嘉忠節

皇帝達

太皇太后賀大遼正旦書元祐元年十月

肇易歲元𤼵新棨於萬物仰遵慈誨修舊好於兩

朝遠飭使軺肅將禮幣庶迎壽祉式副願言

皇帝賀大遼皇帝正旦書元祐元年十月

獻歲發春共講　三朝之慶寶隣繼好茂膺五福之
祥申飭使車往陳信幣永言欣頌良增諭陳

奏告天地社稷宗廟宮觀寺院等處祈雨雪
青詞齋祝文

伏以其春年以來水旱作沴迨茲祖歲復告常暘疾疫
將興農末俱病方齋居而默禱庶精意之登聞敢祈
春臘之交沛然雨雪之賜願均介福敷錫群生

五嶽四瀆等處祈雪祝文

伏以歷冬不雪兩歲之憂疾癘將興黍麥就槁為命
守土告于有神下民其咨天聽不遠毋愛回靈之澤

以成盈尺之祥茍利于民敢忘其報

賜宰臣呂公著生日禮物口宣（元祐元年十月十六日）

有敕朕之元老生以兹辰實為邦國之華豈獨閨門之慶故命爾息往宣余懷仍分廐庫之良以助子孫之壽

相州賜大遼國賀興龍節使副御筵口宣（元祐元年十月十八日）

有敕卿等遠馳信幣来慶誕辰眷言四牡之勞宜享加籩之禮式頒寵數以示至恩

送伴正旦使副沿路與賀北朝生辰并正旦

使副相見傳宣撫問口宣元祐元年十二月九日

有敕卿等方冬出使涉春在塗遠犯風埃想勤跋履勉加鞭筞即造會朝

賜大遼賀正旦人使正月六日朝辭訖就驛御筵口宣元祐元年十二月二十五日

有敕卿等来脩舊好克備多儀既陛見以告辭將駕言而反命載嘉勤勩宜錫燕私

賜新除中大夫守尚書右丞劉摯辭恩命不許斷来章批荅元祐元年十一月

覽表具之道有行藏時有用捨歲不我與難以智求

道之將行豈容力避大言大利固當安而受之小行小廉非所望於卿者成命不再可無復辭

賜劉摯辭免恩命不允斷来章批荅元祐元年十一月

省表具之政如農耕以既穫為能事言如藥石以愈疾為成功若耕不穫疾不愈朕何望焉所以用卿者非以富貴卿也勉卒成業何以辭為

相州賜大遼賀正旦人使却回御筵口宣元祐元年十二月二十二日

有敕卿等歲首奉觴禮成復命改轅北道弭節近藩

宜錫宴私以彰眷寵

班荆館賜大遼賀正旦人使却回御筵口宣（元祐元年十二月十九日）

有敕卿等遠達使軺載嚴歸駟方改轅於北道暫弭節於都門益重眷懷往伸燕餞

賜大遼賀正旦人使正月一日入賀畢就驛御筵口宣（元祐元年十二月十一日）

有敕卿等遠飭使軺來脩隣好屬此方春之旦宜均既醉之歡爰命燕胥以昭眷寵

皇帝達

太皇太后迴大遼皇帝賀正旦書 元祐二年正月五日

百年之好既講於春朝萬壽之儀兼陳於幄殿恭因省侍具述来音感懌之懷言宣莫罄

皇帝迴大遼皇帝賀正旦書 元祐二年正月五日

東風協應感徂歲之更新遠使交馳導歡言而講舊粲然禮幣申以書詞欣懌之深敷陳罔究

賜鎮江軍節度使判大名府韓絳詔書湯藥口宣 元祐元年十一月十日

有敕方面重寄無逾老成丘園歸休難遂雅意特須珎劑以示至懷方此沍寒益加調養

賜新除依前中大夫守中書侍郎呂大防辭免恩命不允斷来章批荅口宣（元祐元年十一月十一日）

有敕大政所關西臺為重朕難其選無以易卿宜即欽承毋煩退避

賜新除中大夫守尚書右丞劉摯辭恩命不允斷来章批荅口宣（元祐元年十一月十五日）

有敕卿嘉猷屢告清議所歸授受之間臣主無愧速起視事副朕所期

班荊館賜大遼國賀興龍節人使赴闕口宣（元祐元年十一月二十一日）

有敕卿等抗旌遠道弭節近郊乃眷勤勞良深軫念

特須燕衎以示惠慈

東坡内制集卷第一

東坡内制集卷第二

皇帝爲冬節奏告永裕陵

神宗皇帝表本

伏以曆紀天正史書日至感舒長於測景增怵惕於履霜恭惟諡號皇帝德邁堯仁功侔禹迹遊衣冠於原廟徒仰威神望松柏於橋山永懷悲慕

皇太后殿夫人爲冬節往永裕陵酌獻

神宗皇帝表本

伏以一陽來復萬物懷生空臨觀祲之辰無復稱觴之慶恭惟諡號皇帝道齊覆載德冒華夷從南狩

於蒼梧神游已邈望西陵於銅雀淨慕空深

皇帝爲十一月一日奏告永裕陵

神宗皇帝旦表本

伏以始餞餘寒復興嗣歲望寢園而增慕悼日月之不留恭惟

謚號皇帝道貫百王澤涵萬宇永瞻帝所之樂坐起堯墻之悲饋奠莫由馳誠罔極

皇太后殿夫人爲年節往永裕陵酌獻

神宗皇帝表本

伏以葦桃在戶徒講

三朝之儀椒柏稱觴無復萬年之壽恭惟

謚號皇帝功施無外德洽有生隨鼓

漏於寢園莫覲饋奠望衣冠於原廟空極涕流

皇帝爲三月一日奏告

神宗皇帝旦表本

伏以既成春服時方禊洛之初祇謁寢園古有薦鮪

之禮恭惟 謚號皇帝配天立極如日載陽仰餘澤

之旁流致群生之遂茂光靈愈遠涕慕空深

皇帝爲

神宗皇帝大祥徃永裕陵奏告表本

伏以寢廟告成永動廓然之感柏城森列遽興拱矣

之悲恭惟 謚號皇帝澤浸函生慶垂後裔配天無

極奉謨訓以長存示民有終悵神游之安在恭脩祥
奠莫訴哀誠
皇帝為
神宗皇帝大祥内中奏告表本
伏以追號罔極實抱終身之憂祥禫有期蓋迫先王
之禮恭惟　謚號皇帝睿明照世神智自天雖清廟
肅雍瞻之莫見而威顔咫尺凛然常存悲慕之深華
夷所共
皇太后殿夫人為
神宗皇帝大祥往永裕陵酌獻表本

伏以飈馭上賓日以遠矣隙駒遄邁祥而廓然恭惟
謚號皇帝道始家邦化刑夷夏天地之運固代謝於
陰陽草木何知徒興悲於霜露莫親饋奠惟極哀誠

賜觀文殿學士正議大夫知河南府孫固乞
致仕不許詔元祐二年正月一日

敕孫固視國如家忠臣可以忘年視民如子君子可
以忘勞卿被遇三朝出入二府德望並隆中外所
服故起之祠館付以留鑰使士有所矜式民有所依
怙屬任之意豈輕也哉釋位謀安引年求避此踈遠
小臣之事非所望於卿也尚體至意勿亟懷歸

賜觀文殿學士正議大夫知河南府孫固乞

致仕不允詔元祐二年正月一日

敕孫固卿　英宗所擢以遺　神考乃眷舊學用之

西樞朕即位二年未見君子每惟圖任舊人之意常

有越在外服之歎矧欲辭位而去遂安丘園耗三川

重鎮務舉大體簿書期會則有司存優遊卒歲可以

忘老

賜觀文殿學士正議大夫知河南府孫固再

乞致仕不許詔元祐二年正月二十五日

敕孫固廊廟之舊歷事　三朝名德並隆如卿者有

幾無故釋位其謂朝廷何卿既自爲謀亦爲乃后謀之勉遵前詔以慰中外之望

賜觀文殿學士正議大夫知河南府孫固再乞致仕不允詔元祐二年正月二十五日

敕孫固朕永懷三宗追用其人所以尊禮慰藉其意者自以爲無失矣而卿浩然懷歸若不可復留何犹勉徇大義毋違朕志

撫問熙河蘭會路臣寮口宣元祐二年正月二十五日

有敕卿等服勤疆埸賦政兵民言念劬勞實分憂顧特加存問以示眷懷

在京諸宮觀開啓

神宗皇帝大祥道場齋文

伏以密音如昨新穀再升望仙馭於帝鄉陳法筵於淨宇人天来會共脩最勝之緣梵釋同游永錫無疆之慶

撫問資政殿學士知揚州王安禮口宣元祐二年正月二十七日

有敕卿久去廊廟出臨江淮綏懷流亡肅遏寇盜遠惟勤瘁特示撫存

賜尚書左丞李清臣生日詔元祐二年二月二十四日

敕清臣春之方中月後幾望篤生王國之彥蔚為郎廟之華神既聽於靖恭民亦宜於愷悌膺我慶賜永綏壽祺

景靈宮奉安

神宗皇帝御容祝文

伏以恭承仙馭奄宅殊庭馨海宇以駿奔儼人天之景從願回日月之照少荅神民之心乃眷新宫永垂餘慶

垂拱殿開啓

神宗皇帝大祥道場齋文

伏以褰期有數方歎於蹙舟法海無邊聊資於岸栰
有嚴秘殿恭啓淨筵時御六龍徘徊宮闕永同千佛
陟降人天
賜皇姊祖保信軍節度使安康郡王宗隠生
日禮物口宣
有敕卿屬尊望重德厚慶隆方誕育之令辰有匪須
之故事克膺壽祉永服寵光
天章閣權奉安
神宗皇帝御容祝文
伏以唐虞稽古雖絶名言文武重光已新崇構下慰

華夷之望仰摹天日之容將徃宅於靈宫永懷攀慕
願少安於祕殿無盡瞻依

賜皇姪祖宻國軍節度使華原郡王宗愈生
日禮物口宣元祐二年二月二十七日

有敕卿望重宗盟德隆藩服載協誕彌之旦光膺積
慶之餘特示寵頒永綏壽祉

內中福寧殿下寒節為
神宗皇帝作水陸道場齋文

伏以甚雨疾風感春律之將變鑽燧改火悼喪期之
不留爰啓淨筵以資冥福願登大覺永濟函生

賜皇叔祖昭信軍節度使漢東郡王宗瑗生

日禮物口宣 元祐二年二月二日

有敕卿爵齒既隆德望斯稱載更誕日胥慶家庭式

侑燕私以資壽祉

内中神御殿張挂奉安

神宗皇帝御容祝文

伏以祥祭告終　聖靈改御僾如在位威不違顔雖

天日之光固難形似而神人之奉永有瞻依悲慕愈

深照臨無極

神宗皇帝大祥祭訖撤饌除靈座時皇帝躬

親扶
神御別設一祭祝文
伏以俛就終喪禮當即遠永瞻　陵廟將徹几筵攀
慕若疑追懷罔極
寒節就驛賜于闐國進奉人御筵口宣元祐二年
二月
有敕汝等觀光上國述職遐方屬玆改火之辰想有
懷歸之念宜須燕衎以示恩私
賜新除樞密直學士知定州韓忠彦乞改一
偏州不允詔元祐二年二月

敕忠彦朕嘗覽閲古之圖觀宗臣之文俯仰今昔有
槩於心會中山闕守差擇人門卿庶幾焉勉副朕意
何以辭為
賜樞密直學士守兵部尚書王存乞知陳州
不允詔
敕王存卿出入四朝更涉夷嶮金石之節終始惟一
六卿之長所以倡九牧而厚風俗也豈以職事煩簡
為輕重哉君子出處朝廷之大事而風雨寒暑膚理
之微疾也姑安厥位以稱朕意
奉安

神宗皇帝御容赴景靈宫導引歌詞

帝城父老三歲望堯心天遠玉樓深龍顔髣髴笙簫遠腸斷屬車音離宫春色瑣瑶林雲闕海沉沉遺民猶唱當時曲秋鴈起汾陰

景靈宫宣光殿奉安

神宗皇帝御容畢皇太后親詣行禮祝文元祐二年三月十四日

伏以弈弈祠宫巍巍天象聖靈雖遠哲命惟新仰瞻如在之威永錫無疆之慶敢祈昭鑒下燭微誠

景靈宫宣光殿奉安

神宗皇帝御容日開啓道場青詞元祐二年三月十四日

伏以天鑒不遠誠感則通方寶構之肇新宜真游之降格具嚴法席高咏靈篇内安清淨之居外錫烝黎之福

景靈宫宣光殿奉安

神宗皇帝御容罷散朱表元祐二年三月十四日

馭風雲闕既參日月之光弭節琳宫尚荅神民之望爰開法會庶款真庭願推徃聖之心永錫函生之福

景靈宫宣光殿奉安

神宗皇帝御容日開啓道場齋文

伏以祠宫夙啓真室告成仗勝會於佛僧導靈游於梵釋更推餘祉旁及含生

賜朝散大夫試御史中丞傅堯俞乞外郡不允詔（元祐二年三月十三日）

敕堯俞負中外之望居得言之地朕方虚己樂聞嘉猷乃者水旱連歲民流未止賊盜將熾財力靡敝卿既欲圖實効以酬恩朕亦將考所言以責實偃息藩郡豈所望哉

五嶽四瀆等處祈雨祝文（元祐二年三月十七日）

期年以来水旱作沴振廩同食冠蓋相望已責勸分
公私並竭惟待一熟之麥以蘇垂死之民而冬不雨
以徂春苗將秀而不實顧惟沖昧有失政刑感傷陰
陽延及鰥寡既非下民之罪亦豈上帝之心惟神聰
明毋愛膏澤則民有息肩之漸神無乏祀之憂

賜鎮江軍節度使充集禧觀使韓絳茶藥詔
元祐二年三月

敕韓絳春夏之交寒燠相沴起居之節調適為難春
子元臣久勞于外宜加存問且錫珍良勉蹈至和以
符眷倚

賜保寧軍節度使馮京告敕茶藥元祐二年三月二十一日

敕馮京卿以蕙老久勤外服留籥之重擁髦而東蒙犯氛埃徒御良苦宜省思慮近藥物勉遵時令以副眷懷

賜鎮江軍節度使充集禧觀使韓絳赴闕詔元祐二年三月二十七日

敕韓絳卿擢自 祖宗輔翼 先帝德望之重天下聳聞與其置之一方勞以民事不若歸安闕下式瞻儀刑請老閒居固非所望嘉猷入告夫豈不能

賜鎮江軍節度使充集禧觀使韓絳赴闕詔

元祐二年三月二十七日

敕韓絳爲天下計則賢者常勞爲人臣謀則老者當逸今　朝廷待卿之意酌處其中奉朝請於琳宮所以系民望釋負荷於留鑰所以慰雅懷勉及清和亟還朝著

賜新除保寧軍節度使馮京告敕詔書茶藥口宣

元祐二年三月二十八日

有敕全魏之寄舊德爲宜勉即征途以荅民望往須珎劑昭示眷懷

賜鎮江軍節度使充集禧觀使韓絳詔書茶

藥口宣元祐二年三月二十八日

有敕卿德齒俱高誠請彌確重以民事久勞元臣既

飭還車宜須珎劑尚加調養以副眷懷

大相國寺開啓祈雨道場齋文

伏以旱暵既久麥禾將空仰惟天人之師宜專雲雨

之施庶幾慈愍寬我憂危

集禧觀開啓祈雨道場青詞

洞淵龍王水府聖衆饑饉之患民流者朞年吁嗟之

求詞窮於是日乃眷陰靈之宅實為雲雨之司涵濡

之功指顧而辦罔吝天澤以荅民瞻
賜故夏國主嗣子乾順進奉謝恩馬駞回詔
元祐二年四月十七日
詔向遣行人徃賻襄事繼陳方物来奉謝章惟忠可以附民惟禮可以定國勉終誠節以副眷懷
諸宮觀寺院等處祈雨青詞齋文
饑饉之患民流者期年吁嗟之求詞窮於是日仰惟至道之助推廣上天之仁名呼群龍時賜霈澤罔以不德而廢其言
天地社稷宗廟神廟等處祈雨祝文

惟德弗類致常暘之災斯民何辜有荐饑之懼旬浹不雨麥禾皆空■省再三夙夜祗慄引領雲霓之望援手溝壑之餘既窮之詞其忍弗聽

賜太師文彥博乞致仕不許批荅元祐二年三月二十九日

卿出入四世師表萬民無羡於功名而有厭於富貴其所以忘身徇國捨逸就勞者豈有求而然哉凡以先帝之恩生民之故也卿之在朝如玉在山如珠在淵光景不陳而草木自遂去就之際損益非輕昔西伯善養老而太公自至魯穆公無人子思之側而長

者去之卿自為謀則善矣獨不為朝廷惜乎藥餌有
間時遊　廟堂家居之樂何以異此
賜太師文彦愽乞致仕不允批荅元祐二年三月二十
九日
朕脩身以承　六聖虚己以聽四輔而法度未定陰
陽未和民未樂生吏未稱職中夜以思方食而歎雖
不敢以事諉元老實望其以身率百官卿猶未即於
安孰敢不盡其力此聖母沖人之本意而天下有識
之所望也昔唐太宗以干戈之事尚能起李靖於既
老而穆宗文宗以燕安之際不能用裴度於未病治

亂之效於斯可見朕意如此卿其少安

賜宰相呂公著乞退不許批荅 元祐二年三月二十九日

卿才全而德備積厚而施博明亮篤誠坐屈群策既以天下公議而用於此矣豈以卿之私意而聽其去哉水旱之災不德所召卿當助我求所以消復之道不當求去我也詩不云乎大夫君子昭假無贏大命近止無弃爾成勉思厥職以荅民望

賜宰相呂公著乞退不允批荅 元祐二年三月二十九日

用賢之功必要之久遠日計不足歲計有餘朕之用卿期於百姓之既富卿之自信亦豈一日而成功常

賜之災天以警朕夙夜祗懼與卿同之朕若歸過於股肱何以荅天戒卿若釋政而安逸何以塞民言各思其憂少安厥位

賜太師文彥博乞致仕不允批荅口宣 元祐二年三月二十九日

有敕卿德望冠於累世風采聞於四夷方茲仰成倚以為重退老之請所未欲聞

賜宰相呂公著乞退不允批荅口宣 元祐二年三月二十九日

有敕卿柱石 本朝著龜當代方茲注意實所仰成

宜體朕心姑安其位

賜尚書刑部侍郎范百禄乞外任不允詔 元祐二年三月二十九日

敕百禄成王命君陳商民在辟予曰辟爾惟勿辟予曰宥爾惟勿宥惟厥中古之有司與天子相可否蓋如此而況公卿之間議有異同而不盡其說㦲例在中書與在有司固宜審處歸于至當而卿遽欲以此去位非古之道也其益脩厥官以稱朕意

賜交州進奉人朝見訖就驛御筵口宣 元祐二年四月五日

有敕汝等恭持方物来款塞垣冒涉脩途觀光上國

宜須燕勞以示恩私

賜龍圖閣直學士新差知秦州呂公孺乞改

授宮觀小郡差遣不允詔（元祐二年四月三日）

敕公孺朕顧懷西方思得賢守使邊有備而民無擾

以卿耆老練達德宇淵靜秦又舊治吏士服習卧護

諸將無以易卿

故聽宣劉氏堂祭文

奉侍有年肅雍靡懈今其亡矣良用惻然歿而有知

来舉茲奠

故聽宣劉氏墳所祭文

盡瘁内職歸全近郊既掩諸幽往致斯奠實其窀穸

極爾哀榮

五嶽四瀆等處祈雨祝文 元祐二年四月十日

天人之交應若影響雨暘不順咎在貌言失之戸庭

害及寰宇求治雖切不當天意之中聽言雖多未聞

民病之實刑罰有過賦役未平一人之愆百姓何罪

避坐徹膳猶當許其自脩悔既轉災庶或救之將墜

於神蓋反掌之易而民免擠壑之憂仰瞻雲霓待命

旦夕

五嶽四瀆等處謝雨祝文元祐二年四月十日

乃者常暘爲災歷時愈熾念咎責己𥨊丁我躬求哀籲天並走群望果蒙膏澤之賜一拯流亡之餘我愧于民敢廢無災之懼神終其賜願必有年之祥

鄭州超化寺祈雨齋文元祐二年四月九日

伏以常暘爲災歷時愈熾秋穀未蓺夏苗將空天意未回佛慈所愍願以不思議智力大解脫神通時興法雲普賜甘澤

鄭州超化寺謝雨齋文元祐二年四月九日

等慈應物不倦於禱求神智無方何難於膏澤旱沴

既弭農民其康仰惟不宰之功豈待有為之報爰脩淨供少達純誠

景靈宮罷散奉安

神宗皇帝御容道場功德疏文 元祐二年四月七日

伏以肇新寶構祗奉晬容修妙供於珠庭結勝緣於淨衆真游永奠法會告成普冀含生悉蒙餘祉

賜外任臣寮進奉興龍節馬詔敕書 元祐二年四月十三日

敕韓縝誕彌之慶遠邇攸同眷惟外服之良来效右牽之禮言念誠恪不忘歎嘉

賜彰化軍節度使開府儀同三司判大宗正

事宗晟上表乞還職事不許詔 元祐二年四月十五日

敕宗晟書云孝乎惟孝友于兄弟施於有政是亦為政卿以膝下之養為宗人之法古之為政孰大於此而欲以親辭職耶其益脩厥官以稱吾意

賜彰化軍節度使開府儀同三司判大宗正

事宗晟上表乞還職事不允詔 元祐二年四月十五日

敕宗晟古者庶子之官治而邦國有倫所治雖簡而所寄甚重卿為宗室祭酒德度之美刑于中外朕方慶瓜瓞之茂而欲觀麟趾之應益勵厥職無弃爾成

永裕陵脩移角堠門戶栢窠奏告

神宗皇帝祝文

園寢之奉巡行以時增植所宜卜云其吉先事而告亦禮之常

永裕陵脩移角堠門戶栢窠祭告土地祝文

寢園之奉栽植以時惟爾有神實嚴所守敢祈昭鑒永底平寧

白溝驛賜大遼賀坤成節人使御筵兼傳宣撫問口宣元祐二年四月十七日

有敕卿等肅將慶幣遠涉脩塗風埃浩然徒馭勤止

宜須燕衎以示眷懷

東坡内制集卷第二

東坡内制集卷第三

賜尚書左丞李清臣乞退不允批荅元祐二年四月十八日

卿以方聞之舉擢自厚陵禁林之選用於　神考逮受顧命弼予冲人義既同於戚休身豈輕於出處遽欲引去聞之惻然姑安厥常以助予治

賜尚書左丞李清臣乞退不許批荅元祐二年四月十八日

祥除之初念我聖祖所與共政不忘舊人而卿博學多聞通練古今小心畏慎不見過失力引求去為之

惘然勉留輔予益祗厥服

賜文武百寮文彥博以下上第一表請

皇帝御正殿復常膳不允批荅元祐二年四月二十二日

朕即位二年水旱繼作致灾之故實惟沖人既延及於無辜復貽憂於文母是以坐不安席食不甘味實欲深念厥咎豈徒見之空言而雨不崇朝農猶告病欲徇來請惕然未寧其一乃心勉正厥事毋重朕之不德以荅天之深戒

賜文武百寮文彥博已下上第一表請

太皇太后復常膳不許批荅元祐二年四月二十二日

旱暵之罰自冬及夏天之降灾如此其久則夫致灾之道豈一日而然𢧵雖力行罪己之文尚恐非應天之實而卿等以膚寸之澤遽欲即安覽之惕然未敢自赦其交修不逮務盡厥誠期茲歲於有秋雖復常其未晚

集禧觀洪福殿等處罷散謝雨道場青詞齋文

德有愧於動天敢辭屢請道無私而應物豈間微誠霈一雨以咸周起三農於既病仰承靈貺莫報深仁

集禧觀洪福殿罷散謝雨道場朱表

旱暵爲灾禱求屢瀆賴神之賜霈澤以時蓋至道之
無私豈不德之能致載陳謝懇少荅靈休

賜尚書左丞李清臣乞退不允批荅口宣 元祐二年四月二十七日

有敕卿綜轄樞機雍容廊廟義當體國謀豈先身往
諭至懷少安舊服

賜溪洞蠻人彭允宗等進奉端午布 敕書 元祐二年五月十日

敕彭允宗族居裔壤心慕華風来脩任土之儀遠效
充庭之實載惟懃悃良用歎嘉

賜集禧觀使鎮江軍節度使開府儀同三司韓絳到闕生餼口宣元祐二年五月十二日

有敕卿力辭繁劇歸即燕安想見老成渴聞嘉話特須牢醴以勞驂騑

神宗皇帝禫祭

太皇太后親行祝文

寒暑之變忽焉再朞練祥之餘復將三月勉從即吉之典莫遂無窮之哀

神宗皇帝禫祭

皇帝親行祝文

既祥之餘徙月而吉迫於先王之禮徒有終身之憂
瞻仰　聖靈伏深感慕
神宗皇帝禫祭
皇太后親行祝文
喪期有數禫月告終哀雖未忘禮弗敢過追慕之至
中外所同
賜文武百寮文彦博已下上第五表請
皇帝御正殿復常膳允批荅元祐二年五月二十九日
朕以寡昧膺受多福常欲損上益下畏天之威矧兹
旱灾咎在不德而卿等以雨澤既至封章屢上勉從

其意甚媿于中夫天之有風雨雷霆猶朕之有號令
賞罰朕不脩明其事何以責應于天永思其終無忘
納誨

賜文武百寮文彦博已下上第五表請
太皇太后復常膳許批荅元祐二年五月二十九日

德積無素民罹其災精誠莫通禱不時應雖蒙膏澤
之報僅救焦枯之餘勉徇来衷猶虞後患其謹視盜
賊懃卹流亡益務交脩以禆不逮

景靈宫天興殿開淘井眼祭告里域真官祝
文

神游之庭井泥不食日辰之吉浚治以時諗爾明靈
庶無悔咎

賜新除尚書左丞劉摯辭免恩命不允詔

敕劉摯朕昔聞卿言今任以政已試之效見于事功
廊廟闕人以次遷用宜其右不宜其左能於昔不能
於今豈有是哉

賜新除中大夫守尚書右丞王存辭免恩命
不允詔元祐二年五月二十六日

敕王存朕歷選百辟試之以事惇厚而文剛毅而和
更涉變故德守不移無逾卿者夫享天下之利者任

天下之患居天下之樂者同天下之憂朕非以是富貴卿也其何以辭

賜皇伯祖彰化軍節度使高密郡王宗晟生日禮物口宣 元祐二年六月一日

有敕卿德茂宗枝望隆公袞推本流長之慶有嘉震肅之辰宜是寵頒以綏壽祉

班荆館賜大遼國賀坤成節人使到闕御筵口宣 元祐二年六月二日

有敕卿等肅將慶幣畢及都門遠涉暑塗想勞行李式頒燕衎以示恩私

賜新除吏部侍郎傅堯俞辭免恩命乞知陳州不允詔元祐二年六月十三日

敕堯俞連蹇三黜栖遲十年士無賢愚為國太息如珠玉之在泥土麟鳳之在網羅朕所以拔卿於久廢之中用卿於期年之内天下拭目欲觀所為而乃引微疾以自言指便郡而求去豈獨於卿有報國未遂之歎亦將使朕獲用賢不終之譏勉復舊曹以全大節

賜護國軍節度使檢校太師濟陽郡王曹佾生日禮物口宣元祐二年六月九日

有敕卿世濟勲勞德隆藩戚屬此誕彌之日豈無燕
喜之私膺我寵頒永增壽祉

賜新除中大夫守尚書右丞王存辭免恩命
不允斷來章批荅元祐二年六月十二日

士有品目定于僉言罷之廟堂蔽自朕志豈有僉言
既穆朕志不移而用過謙之詞反已成之命亟服乃
事宜無復云

賜新除中大夫守尚書右丞王存辭免恩命
不許斷來章批荅

為國不患於無人有人而不用之為患事君非難於

辭寵居寵而無媿之爲難吾之用卿計已審矣卿之
自信又何疑哉

賜文武百寮太師文彦博已下上第一表請
舉樂不許批荅元祐二年六月一日

先王之禮樂因情而立文君子之哀樂自中而形外
夫有莫大之戚則有無窮之悲　先皇帝天覆四方
子養萬物至今窮髪之表尚餘流涕之民而況宫庭
之間母子之愛粗畢三年之制遂講八音之和所未
忍聞非不欲作卿等謹於率禮篤於愛君徒欲亟舉
舊章顧未深明吾意三復太息難於逼從

賜文武百寮太師文彦博已下上第一表請

舉樂不允批荅 元祐二年六月一日

禮之至者無文哀之深者無節故禫而不樂古人非以求名琴不成聲君子以為知禮朕以宗廟之重勉蹈

先帝之餘履其位惕然而自驚用其物潸焉而出涕未報昊天罔極之德常懷終身不忘之憂欲從衆言亟舉備樂而金石絲竹乃悽耳之聲干戚羽旄皆泫目之具哀既未泯樂何從生再閱来章徒增感慕

賜文武百寮太師文彦博已下上第二表請

舉樂不許批答 元祐二年六月四日

遏密之制雖盡於三年追懷之私豈論於徙月金石在御惻然未寧吾不以一身之憂廢天下之樂今施之郊廟用之軍旅州閭之會絃歌相聞獨盡餘哀止於中禁以為於義未害是故行之不疑

賜文武百寮太師文彥博已下上第二表請舉樂不允批答 元祐二年六月四日

朕少遭閔凶僅畢祥禫雖俛就企及非以過制為賢而創巨痛深不能以禮自克觀過其黨聖人許之禮曰喪三年以為極亡則弗之忘矣誠重違國老之忠

告姑欲盡人子之至情

賜太師文彦博等請

太皇太后受冊第二表不許批荅元祐二年六月四日

吾聞聖人以天下為憂未聞以位號為樂也損己裕物畏天檢身此吾平日之本心非獨遇災而一發也孔子曰以約失之者鮮矣卿等以是輔我顧不美哉

賜集禧觀使鎮江軍節度使開府儀同三司韓絳乞致仕不允詔元祐二年六月四日

敕韓絳向以宏才卧護北道凡斯民之利病蓋一方之安危朕方虛懷以待元老冀疾病之有間得雍容

而造朝時聞嘉言以輔不逮告老之請殊非朕心

賜韓絳乞致仕不允詔元祐二年六月四日

元老在位邦之榮華徒以精神折衝非以筋力為禮

游神道館擁節家庭於卿同告老之安而國有貪賢

之美勉自輔養期於少留

賜同知樞密院事范純仁生日詔元祐二年六月十八

日

敕純仁卿天資文武世濟勳勞載嘉誕日之臨豈獨

私門之喜宜膺慶賜以介壽期

賜文武百寮太師文彦博已下上第四表請

舉樂不許批荅 元祐二年六月九日

吾之本性以清淨寂寞為樂雖在平日無游觀聲技之念矧艱難之後哀疚之餘中夜以興方食而歎將不堪其憂者豈有意於樂哉雖欲勉從未能自克忠告屢却愧歎兼深

賜文武百寮太師文彦愽已下上第四表請舉樂不允批荅 元祐二年六月九日

鍾鼓以導和羽籥以飾喜譽之飲食之節適於口體之宜今衰麻之除莫敢逾制而琴瑟之御則有未安卿等忠誠確然開喻至矣惟反求諸心而弗得故欲

行其言而未能推之人情實識朕意

賜太師文彥博等上第三表請

太皇太后受冊許批答 元祐二年六月九日

吾上順帝則下酌民言庶以無心期於寡過卿等以為協氣既應羣謀僉同若固違典禮之常恐莫慰天人之望遇災而懼昔者非以為謙闇義則退吾亦豈敢自必勉從故事以副嘉言

就驛賜大遼賀坤成節使副銀鈔鑼錦被褥等口宣 元祐二年六月二十八日

有敕卿等遠持慶幣來講鄰歡從馭少休舍館既安

首膺寵錫當體眷懷

賜新除試吏部侍郎范百祿辭免恩命不允

詔元祐二年六月十二日

夫以天官之貳治夏卿之選簿書繁重條格紛委苟非其人則士之失職而無告者多矣朕難其材不以輕授卿有應務之敏而行之以勤有守官之亮而濟之以通往行其志何以辭為

賜皇姪楊王顥生日禮物口宣元祐二年七月十九日

有敕卿屬尊魯衛德重閒平每臨載育之辰永錫無窮之慶宜膺寵數以介壽祺

相州賜大遼賀坤成節人使却迴御筵口宣元祐二年七月八日

有敕卿等遠涉歸途再罹秋暑駕言近郡少憇旋車宜示眷懷往須燕俎

賜外任臣寮進奉坤成節銀敕書元祐二年七月二十八日

敕劉昌祚汝承流外服雅意本朝爰因載誕之辰遠致同寅之禮眷惟忠藎良極歎嘉

雄州撫問大遼使副賀坤成節口宣元祐二年七月十二日

有敕卿等抗旃脩好馳傳及疆遠涉暑途實勞驂馭
特加存撫式示眷懷

賜新除知樞密院安燾辭免恩命不允詔元祐二年六月二十四日

敕安燾人才之難從古所歎圖任以舊爲國之常卿以瓌異之資荷艱難之寄勳勞靡懈望實愈隆雖云超陞不改疇昔徒以任之既久則責之宜專知無不爲乃所望於卿者畢以自牧亦何補於國哉

賜皇弟山南東道節度使開府儀同三司俶
生日禮物口宣元祐二年六月十八日

有敕卿以棣華之親襲瓜瓞之慶載臨誕日宜厚寵
須服我異恩永膺介福

賜新除知樞密院安燾辭免恩命不許斷来
章批荅元祐二年六月二十四日

覽表具之論材考德聖人所以公天下難進易退君
子所以善一身權之以義孰為輕重訓兵論將威懷
戎狄卿以是事上豈不賢於逡巡退避也哉

賜新除知樞密院安燾辭免恩命不允斷来
章批荅元祐二年六月二十四日

覽表具之德稱其服臣主俱榮食浮於人上下交病

朕之為天下慮甚於卿之自為謀也思而後行有出無反成命不再卿毋復辭

賜安燾辭免恩命不允斷来章批荅口宣元祐二年八月五日

有敕卿以舊德簡在朕心成命既孚僉言咸穆宜即祗受毋煩固辭

賜權陝府西路轉運判官孫路銀絹奬諭敕書元祐二年六月二十八日為築蘭州西荆堡成下同

敕孫路宜力計臺悉心邊政相視衿要繕完保障訖用有成不愆于素使虜無可乘之便民有足恃之安

乃眷忠勤不忘嘉歎

賜知蘭州王文郁銀絹奬諭勑書元祐二年六月二十八日

勑王文郁汝以禦侮之才當專城之寄百堵皆作三月而成非威服民夷身先士卒則安能以一時之役成無窮之利達于朕聽良用歎嘉

賜新除檢校太尉守司空依前開府儀同三司致仕韓絳辭免恩命不允批荅元祐二年七月七日

國家尊異耆老砥礪廉隅凡致爲臣必厚其禮而況卿出入四世師表萬民身任安危位兼將相永惟

三宗眷遇之重宜極一品褒崇之榮成命既孚僉言惟允宜從中外之望罔徇謙沖之私

賜韓絳辭免恩命不允批答元祐二年七月七日

朕惟耇老成人雖或謝事耄期稱道終不忘君其在丘園豈殊廊廟嘉猷入告卿其不易此心大事就訪朕亦敢忘斯義命秩之數典册之文不如此無以慰朕心而荅民望國有常典卿毋復辭

瀛州賜大遼賀坤成節人使回程御筵口宣

元祐二年七月十日

有敕卿等抗旌来聘已事言還方次邊城少休候館

宜須燕俎以勞歸驂

賜知樞密院事安燾已下罷散坤成節御筵

口宣

有敕卿等忠存體國義切戴君結妙果於三乘祝

慈闈之萬壽宜膺寵錫以示眷存

玉津園賜大遼賀坤成節人使射弓例物口

宣元祐二年七月八日

有敕卿等致命實鄰出遊禁籞爰敦射事以佐賓歡

宜旌審固之能式厚珍良之賜

賜大遼賀坤成節人使生餼口宣元祐二年七月八日

有敕卿等遠涉脩塗来陳慶幣舍館初定徒馭實勞
宜錫餼牽以昭寵數

賜大遼賀坤成節人使內中酒果口宣 元祐二年七月十一日

有敕卿等遠馳使傳申講隣歡既執贄以造廷亦展
幣而成禮宜加寵錫以示眷存

賜太師文彥博已下罷散坤成節道場香酒果口宣 元祐二年七月十一日

有敕卿翊贊大猷倡先多士方　慈闈之獻壽嚴法
會以薦誠宜有寵須以昭殊眷

賜知樞密院事安燾已下罷散坤成節道場香酒果口宣元祐二年七月十一日

有敕卿等同竭忠嘉助成孝治方慈闈之獻壽嚴法會以薦誠宜有寵頒以昭殊眷

坤成節就驛賜于闐國進奉人御筵口宣元祐二年七月十一日

有敕汝等欵塞觀光趨庭效貢屬誕彌之稱慶均燕衎以示慈祗服寵嘉式旌忠悃

賜殿前都指揮使燕達已下罷散坤成節道場香酒果口宣元祐二年七月十二日

有敕卿等同馨純忠力脩勝果用祈慈壽既徹梵筵宜有寵頒以昭眷遇

賜皇伯祖鎮南軍節度使開府儀同三司宗暉已下罷散坤成節道場香酒果口宣 元祐二年七月十二日

有敕卿表率宗盟助成孝治祝延慈壽仰扣佛乘既畢梵筵宜加寵賚

賜平海軍節度使駙馬都尉李瑋已下罷散坤成節道場香酒果口宣 元祐二年七月十二日

有敕卿等乃心王室同輸欲報之誠稽首佛乘共祝

無疆之壽既成法會宜示寵頒

賜皇牀楊王荊王醴泉觀罷散坤成節道場

香酒果口宣元祐二年七月十二日

有敕卿等德冠邦家義兼臣子脩勝緣於西竺祈壽

嘏於南山宜有寵頒以成法會

賜新除依前靜海軍節度使進封南平王李

乾德制誥敕書元祐二年七月八日

敕朕子養兆姓囊括四方譬之於天豈吝膏澤卿守

藩滋久事上益虔高爵隆名極其榮顯庶緣大寵以

服民心其思盡忠以稱恩禮

班荆館賜大遼賀坤成節人使回程酒果口宣元祐二年七月十六日

有敕卿等講成聘禮歸次都門復此少留逝將言邁宜須餞斝以寵行驂

皇帝達

太皇太后迴大遼皇帝賀坤成節書元祐二年七月

嘉月令辰薦生壽毋疹函重幣交慶寶鄰已恭致於德音復欽傳於慈旨其為感懌未易名言

皇帝迴大遼皇帝問候書元祐二年七月

四牡載馳遠勤於使介尺書為問申講於鄰歡方履

素秋克膺純福益祈保護式副願言

太皇太后　皇太后皇太妃受冊奏告太廟

并諸陵祝文元祐二年六月十九日

伏以祗事親闈庶幾孝治配德祖考既務極於推崇篤生眇沖亦敢忘於褒顯將奉寶冊率循舊章涓日甚良先期以告

太皇太后　皇太后皇太妃受冊奏告景靈

宮等處青詞元祐二年七月十九日

伏以祗事親闈庶幾孝治配德祖考既務極於推崇篤生眇沖亦敢忘於褒顯將事寶冊率循舊章徼福

于神先期以告

賜前兩府幷待制已上知州初冬衣襖詔元祐

二年九月七日

敕元發歲將堇户工告始裘宜須在笥之珎以示維藩之寵服之安燠體我眷懐

賜諸路知州職司等幷總管鈐轄至使臣初冬衣襖敕書

敕馮潔己王事靡盬日月其除屬霜露之戒寒待衣裘而卒歲宜加寵錫以示眷懐

賜諸路蕃官幷溪洞蠻人初冬衣襖敕書

敕瞎氊職在捍邊志常面内屬乢嚴凝之候宜均輕

煖之恩服我寵須益思忠報

賜諸路屯駐駐泊就糧本城諸貟寮等初冬

衣襖都敕

敕汝等久勤外服屬戒祈寒爰念捍城之勞普均挾

纊之惠

西京應天禪院會聖宮脩神御帳座畢功告

還諸神御祝文 元祐二年八月二日

項詔有司恭脩幄座暫安別殿以作庶工既匠事之

告成宜真游之来復顒垂昭鑒及乢良辰

西京應天禪院會聖宮脩神御帳座畢工奉安諸神御祝文元祐二年八月二日

幄坐告成允協歲時之吉靈游永奠復瞻天日之光庶俾後人仰蒙餘慶

賜西南羅蕃進奉敕書元祐二年九月三日

敕汝世為要服時款塞垣志慕華風来脩職貢載惟忠恪良用歎咨

東坡内制集卷第三

重刊明成化本東坡七集

東坡内制集卷第四

賜熙河秦鳳路帥臣并沿邊知州軍臣寮茶銀合兼傳宣撫問口宣 元祐二年八月十日

有敕卿等夙分邊寄深識虜情屬此盛秋勞於警備宜加寵賚以示眷懷

賜熙河秦鳳路提刑轉運茶銀合兼傳宣撫問口宣 元祐二年八月十日

有敕卿持節宣風久分憂寄調兵足食想極賢勞宜有寵須以彰眷遇

賜觀文殿大學士光禄大夫知永興軍韓縝

茶銀合兼傳宣撫問口宣元祐二年八月十日

有敕卿釋政廟堂均勞方面兵民之重綏御實勞往

諭至懷仍加寵賚

賜皇弟武成軍節度使祁國公偲生日禮物

口宣元祐二年八月十六日

有敕卿棣華襲慶桐葉分封載臨震肅之辰特致壽

康之祝其膺寵錫以介神休

賜朝議大夫試户部尚書李常乞除沿邊一

州不允詔元祐二年八月二十二日

敕李常在泮獻馘亦儒者之常挺劍疾鬭蓋孔門之

事雖然義有輕重理有後先與其自請捍邊治癬疥之疾曷若盡瘁事國幹心膂之憂茍推是心何往非報雖願受長纓而往者卿之本心然自以尺箠而鞭之吾有餘力尚體此意姑安厥官

賜太師平章軍國重事文彥博宰相呂公著自今後入朝凡有拜禮宜並特與免拜詔 元祐二年八月二十五日

敕彥博朕聞几杖以優賢著之典禮耋老無下拜書於春秋魏太傅鍾繇以足疾乘車就坐自爾三公有疾以為故事而唐司徒馬燧亦以老病自力對於延

英詔使毋拜今吾耆老大臣　四朝之舊德隆而望重任大而憂深者惟卿與公著而已呂公著詔即改云惟彥博與卿而已方資其著龜之告豈責以筋力之禮今後入朝凡有拜禮宜並特免卿其專有為之報略無益之儀毋或固詞以稱朕意

賜宰相呂公著乞罷相位除一外任不許批荅元祐二年八月二十八日

夫以才御物才有盡而物無窮以道應物道無窮而物有盡凡今之患所乏非才以卿篤於愛君必能建長久之策澹然無我可以寄枉直之權二年于茲百

度惟正事既就緒民亦小康至於微疾之屢攻此亦
高年之常理卿其良食自輔為國少安譬如止水之
在槃豈復勞心於鑒物心且不勞而况於力乎

賜宰相吕公著乞罷相位除一外任不允批

荅元祐二年八月二十五日

朕以天下之大知為君之難有朽索馭六馬之憂有
抱火措積薪之懼正賴多士協為一心朝夕以思彌
縫其闕凡今中外執事晉力之畢陳視吾一二老臣
進退以為節卿若無事而引去人將相顧而自疑而
况邊鄙未寧兵民多故而予左右之老先自求於便

安則夫踈遠之臣何以責其盡瘁勉輔不逮期於有成

賜宰相呂公著乞外任不允批荅口宣元祐二年八月二十三日

有敕全德之老朕所仰成大義未安卿當畏去純忠所激微疾自除

賜新除兼侍讀依前光禄大夫吏部尚書蘇頌辭免恩命不允詔元祐二年八月二十七日

敕蘇頌朕惟左右正人之求甚難其選以爲直亮多聞之益宜莫如卿方虛懷於至言豈曲從於遜避亟

服乃事毋煩固辭

迎奉

神宗皇帝御容赴西京會聖宮應天禪院奉

安導引歌詞

經文緯武十有九年中遺烈震羌戎渭橋夾道千君

長猶是建元功西瞻温洛與神崧蓮宇照瓊宮人間

俛仰成今古流澤自無窮

劉子（元祐二年）

臣近奉聖旨撰賜文彥博呂公著今後入朝免拜

詔書今又準内降指麾撰不允彥博辭避免拜批荅

臣謹按禮經八十拜君命一座再至所謂拜君命者
傳命而拜非朝見也然且不免周天子賜齊桓公胙
曰伯父耋老無下拜公曰天威不違顏咫尺下拜登
受所謂無下拜者拜於堂上非不拜也然且不敢鍾
繇以足疾乘車就坐疑若不拜然亦無明文君前乘
車豈足為法而馬燧延英不拜蓋是臨時優禮無令
後遂不復拜之文祖宗舊例如呂端之流以老病進
對亦止於臨時傳宣不拜今来彦博公著今後免拜
指麾自是　朝廷優賢貴老度越古今無可議者但
臣是有司合守典禮兼恐彦慱公著終不敢當以臣

愚見不若允其所請若聖恩優閔老臣眷眷不已遇其朝見間或傳宣不拜是以為非常之恩臣忝備侍從懷有所見不敢不盡所有不允批荅臣未敢撰取

進止

御寶批依奏脩撰允所請批荅進入

賜太師文彦博辭免不拜恩命許批荅元祐二年八月二十七日

卿義重股肱望隆堂陛陛廉遠則堂皇峻股肱逸而元首安故出異恩特鐫苛禮而卿深執恭巽力守典刑確然自陳義不可奪勉從其意愧歎于中

賜太師文彥博辭免不拜恩命允批荅 元祐二年八月二十七日

朕優禮師傅達德齒之尊以亟拜為可略古之道也卿謹嚴朝廷明君臣之分以不拜為未安禮之節也道並行而不悖義有重而難移勉徇所陳不忘嘉歎

賜宰相呂公著乞罷相位不許斷來章批荅 元祐二年八月二十七日

孔子曰苟有用我者朞月而已可也三年有成夫以聖人猶待三年而後成功況其下者今卿助我為治自以為既成矣乎其未也譬如玉人雕琢玉中道而

易之豈復成罷耶

賜宰相呂公著乞罷相位不允斷來章批荅 元祐二年八月二十七日

古者君臣之間率常千載一遇今 聖母在位正身虛己仰成輔弼雖疎遠小臣猶欲畢命自效而卿乃以小疾求去縱無意於功名獨不惜此時乎勉卒乃事使百姓富足四夷乂安然後謝事歸老豈不臣主俱榮耶

賜宰相呂公著乞罷相位不允斷來章批荅 元祐二年八月二十八日

口宣

有敕卿之在位爲德與民朕意不移徒煩屢請速起視事毋復固辭

賜守司空開府儀同三司致仕韓絳乞受冊禮畢隨班稱賀免赴詔元祐二年八月二十七日

敕韓絳卿脫屣軒冕順神丘園不爲絶俗之高愈篤愛君之意喜聞冊蹕請覲内廷在臣子之誠心卿爲盡節顧筋骸之末禮吾所未安

賜宰相呂公著乞罷免相位不允詔元祐二年八月二十八日

敕宰相之責綏靖四方羌人既俘士氣益振長轡遠

馭方資老謀卿不强起孰卒吾事近以二老之故削
亟拜之禮而彦博執謙不回朕既從其請矣卿起就
位復何疑哉

賜皇弟定武軍節度使開府儀同三司咸寧
郡王俣生日禮物口宣 元祐二年八月二十八日

有敕眷予母弟誕慶兹辰載詠斯干之祥宜均既醉
之福祗膺寵數永錫壽祺

賜太師平章軍國重事文彦博辭免免入朝
拜禮允批荅口宣 元祐二年八月二十八日

有敕卿勲德愈高謙恭不伐盡事君之禮忘屈身之

勞重違嘉言特寢前命

生獲鬼章文武百寮稱賀宣荅詞元祐二年八月二十八日

太皇太后

種羌叛换西鄙繹騷首出偏師遂擒元惡安邊之喜與卿等同之

皇帝

凶狡就俘羌戎一震既增吏士之氣亦寛戍守之勞靖寇息民與卿等同喜

八月二十八日入内高班蔡克明傳宣取批

荅宰臣以下賀生獲鬼章表

太皇太后

國家偃兵息民函養中外鬼章無故犯順神人弃之雖廟社無疆之休亦將相一心之助封章来上嘉歎不忘

皇帝

朕上承慈訓下盡群策務漸寬於民力本無意於邉功既狂狡之就擒知休息之有日再閲来奏嘉歎于中

賜皇炑成徳荊南等軍節度使守太尉開府

儀同三司荆王頵生日禮物口宣 元祐二年八月二十

敕

有敕卿以名世之傑居叔父之親乃眷良辰實鍾餘慶宜膺異數之禮永錫無疆之休

賜宰相呂公著辭免不拜恩命允批荅 元祐二年九月一日

卿執德惟一守禮不回不以坐論為安而以拜上為泰使朕不盡養老之意而卿得畏威之道勉從其志嘉歎不忘

賜宰相呂公著辭免不拜恩命許批荅 元祐二年

九月一日

君之視臣譬之手足方責其大不强所難而卿深執謙恭力求避免深惟孔子事君盡禮之義曲從其請以儆惰媮

熙河蘭會路賜种誼已下銀合茶藥及撫問犒設漢蕃將校以下口宣 元祐二年九月二日

有敕汝等受成元帥問罪種羌既俘凶渠備見忠力各加犒賜用示眷懷

賜保靜軍節度使檢校司空開府儀同三司建安郡王宗綽生日禮物口宣 元祐二年九月二日

有敕位隆將相德重宗藩方秋律之既深紀門弧之
多慶宜膺寵錫以介壽祺

撫問劉舜卿兼賜銀合茶藥口宣 元祐二年九月二日

有敕卿翰屏西服威懷種羗嚴兵盛秋得雋戎落特
遣勞問仍示寵頒

賜陝府西路轉運判官孫路銀合茶藥口宣 元祐二年九月五日

有敕汝以職事出按邊防屬此軍興想勞心計宜加
寵錫以示眷懷

賜陝府西路轉運司勾當公事游師雄銀合

茶藥口宣元祐二年九月五日

有敕汝以儒臣習知疆政王事靡盬周爰咨謀宜有寵頒以旌勤瘁

西京會聖宮應天禪院奉安

神宗皇帝御容奏告　諸帝祝文元祐二年九月六日

於穆神考陟配在天有嚴祠宮從祀我祖時日協吉聖靈其安寵綏後人永錫純嘏

西京應天禪院會聖宮奉安

神宗皇帝神御祝文元祐二年九月六日

於皇在天丕冒下土矧此山陵之近顧瞻兩都宅於

嵩洛之間上聯五聖有嚴淨宇會聖宮改為真館祗奉睟顏

願追梵釋之遊會聖宮改為仙聖之遊永荅人天之望

生擒西蕃鬼章奏告永裕陵祝文元祐二年九月

五日

大獮獲禽必有指蹤之自豐年高廪孰知耘耔之勞

憬彼西戎古稱右臂自嘉祐末木征擾邊至熙寧中

董氈方命於赫聖考恭行天誅非貪尺寸之疆蓋為

民除蟊蠈遂建長久之筞不以賊遺子孫而西蕃大

首領鬼章首犯南川北連拓拔申命諸將擇利而行

旋聞偏師無徃不克吏士用命爭酬未報之恩　聖

靈在天難逃不漏之網已於八月戊戌生獲鬼章頡利成擒初無渭水之耻郅支授首聊報谷吉之寃謹當推本聖心益脩戎略務在服近而來遠期於偃革以息民仰冀威神曲垂昭鑒

賜太師文彥博上第一表乞致仕不允批荅

元祐二年九月八日

省表具之卿之求去蓋數矣言不為不切而朕終莫之從朕之留卿亦至矣禮不為不盡而卿終莫之亮君臣之際情不相喻朕甚疑之夫樂丘園而厭軒冕亦古人之一節而非聖賢之高致尊耆老以重朝廷

蓋天下之大計而非沖人之私欲與其使朕屈公議以從卿曷若卿少貶其私意以徇天下乎

賜太師文彦博上第一表乞致仕不許批答

元祐二年九月八日

覽表具之卿之所以欲去者二疲於朝會勞於應物一也功成身退欲享其樂二也而吾之所以必留者三卿以傑人之資開物成務世不可闕一也弼亮四朝更涉變故謀無遺策二也名冠天下進退之間為國休戚三也吾方盡養老之道殺禮以優賢廟堂之上猶有是樂則夫卿之欲去者可回而吾之必留

者蓋不可易也
賜太師文彥博乞致仕第一表不允批荅口
宣 元祐二年九月九日
有敕朕上承慈訓下酌民言秉國之成非卿莫可来
請雖切朕意不移
賜太師文彥博乞致仕不許斷来章批荅 元祐
二年九月十一日
覽表具之為君難為臣不易非吾推誠無疑不能起
卿於安佚非卿忘身徇國不能從我於艱難名用之
初中外相慶搢紳莫不競勸父老至於涕流中道而

歸其義安在宜思一身之樂輕於社稷毋使庶人之議及於朝廷

賜太師文彦博乞致仕不允斷来章批荅元祐二年九月十一日

省表具之君子安身業德如山嶽之鎮開物成務如江河之流若山嶽之鎮動揺不安江河之流行止自便則物將交病人亦何觀朕之望卿無以異此宜守不移之志以成可大之功

賜太師文彦博乞致仕不允斷来章批荅口宣元祐二年九月十一日

有勑卿望重百辟威聞四夷進退之間輕重所寄毋煩屢請朕命不移

賜太師文彦博乞致仕不允詔元祐二年九月十日

勑彦博卿求退之意著於士民執謙之心信於天地勉當委重之託初無懐禄之嫌大義茍安細故可略朕命不再卿其少安

賜太師文彦博乞致仕不許詔

勑彦博論道則忘年卿不可以年既髙而為請稱德則鄙力卿不可以力不足而為詞斷之於中義有不易豈以屢請之故而廢將成之功體君至懐以慰公

議

十月一日永裕陵下宮開啓資薦

神宗皇帝道場齋文 元祐二年九月十一日

橋山永望莫瞻弓劍之餘陽月載臨徒增霜露之感

招延淨衆崇建梵筵庶集勝因仰資真馭

撫問秦鳳等路臣寮口宣 元祐二年九月十八日

有敕卿等綏馭兵民布宣條教眷惟忠藎想極劬勞

屬此早寒各宜厚愛

西京會聖宮應天禪院奉安

神宗皇帝御容禮畢開啓道場齋文 元祐二年九月

原廟告成神游既奠雖　聖靈之無礙對越在天從十七日

世法之有為歸依於佛普顒幽明之域悉登淨妙之

庭集此勝因以資仙馭

白溝驛傳宣撫問大遼賀興龍節人使及賜

御筵口宣元祐二年九月十二日

有敕卿等遠馳信幣来慶誕辰念此脩塗喜於入境

宜加燕勞以示眷存

西京會聖宫應天禪院奉安

神宗皇帝御容前一日奏告永裕陵祝文元祐

國家推本漢儀立郡國之廟參用唐制就佛老之祠

乃眷洛都載瞻園寢並興靈宇以奉神嬉閟惟沖人

恭蹈成憲謹擇良日臨遣近臣庶回日月之光少荅

人天之望

二年九月三日

沿路撫問奉安

神宗御容禮儀使吕大防已下口宣

元祐二年九月十二日

鄭州

有敕卿等恭持使節祗事祠宫遠涉郵途實勞啓處

特加存問以示眷懷

輦縣

有敕卿等出使別都展儀原廟衝涉微凛勤勞遠途

體此眷懷宜加調衛

西京

有敕卿等暫去闕庭服懃郵傳奉祠之重率禮爲勞

已事遄歸式符眷遇

賜嗣濮王宗暉生日禮物口宣元祐二年九月二十二日

有敕流澤之深積慶之厚嘉此良日薦生賢王受茲

多儀永錫難老

永裕陵十月旦表

戒寒墐户倏及於秦正前晦行陵祗循於漢禮恭惟

謚號皇帝懿文緯世厚德載時休老勞農追述養民

之政厲兵講武敢忘經國之謀永望寢園益增感慕

西京會聖宮應天禪院奉安

神宗御容禮畢押賜禮儀使已下御筵口宣

元祐二年九月二十一日

有敕卿等既成原廟復奠神游乃眷元臣往嚴盛禮

宜均燕衎以示眷存

賜龍圖閣直學士尚書工部侍郎蔡延慶乞

知應天府不允詔元祐二年九月十六日

敕延慶入侍禁近出殿藩服已試之效藹然有聲令若予工宜有餘力夫游刃肯綮尚不辭難退食委蛇豈當告病屬理微疾行當自痊勉安厥官以稱朕意

賜外任臣寮等進奉坤成節功德疏詔敕書元祐二年九月二十四日

敕馮京職雖在外忠不忘君集勝妙之良因致壽康之善禱眷言誠盡良極歎嘉

賜朝奉郎通判梓州趙君奭進奉坤成節無量壽佛敕書元祐二年九月二十四日

敕趙君奭相好妙嚴衷誠傾盡汝期乃后享無量之年吾欲斯民同極樂之世永言忠愛良用歎咨

趙州賜大遼皇帝賀興龍節大使茶藥詔元祐

二年九月二十七日

敕隣歡載講使節甚華永言郵傳之勤遘此風霜之候宜加寵賚以示眷存

趙州賜大遼皇帝賀興龍節副使茶藥詔元祐

二年九月二十七日

敕卿載馳遠道良苦祁寒豈無藥物之嘉以輔寢興之節宜膺寵錫尚體至懷

神宗皇帝御容至會聖宮并應天禪院前一
日奏告　諸帝祝文
三靈眷命　六聖在天崧洛之間仙釋所館惟兹吉
禘之始當祔出游之庭念彼元臣昔皆侑食一新惟
肖之像永陪如在之神敢冀威靈曲垂昭鑒
十月朔本殿夫人往永裕陵酌獻
神宗皇帝表本
雨霜隕籜感閉塞於天時收潦滌場思艱難於王業
恭惟　尊謚皇帝禹功紀地堯則惟天威加四夷尚
餘肅物之凛仁及萬彙永同挾纊之温省奉無期瞻

懷靡極

賜熙河路副總管姚兕等銀合茶藥口宣元祐二年九月十四日

有敕卿以武略過人忠義思報焚蕩虜境宣明國威特示寵頒以觀來效

賜尚書左丞劉摯生日詔元祐二年九月二十二日

敕劉摯律協應鍾辰集析木實生俊輔休有令名膺我寵章以介眉壽

東坡内制集卷第四